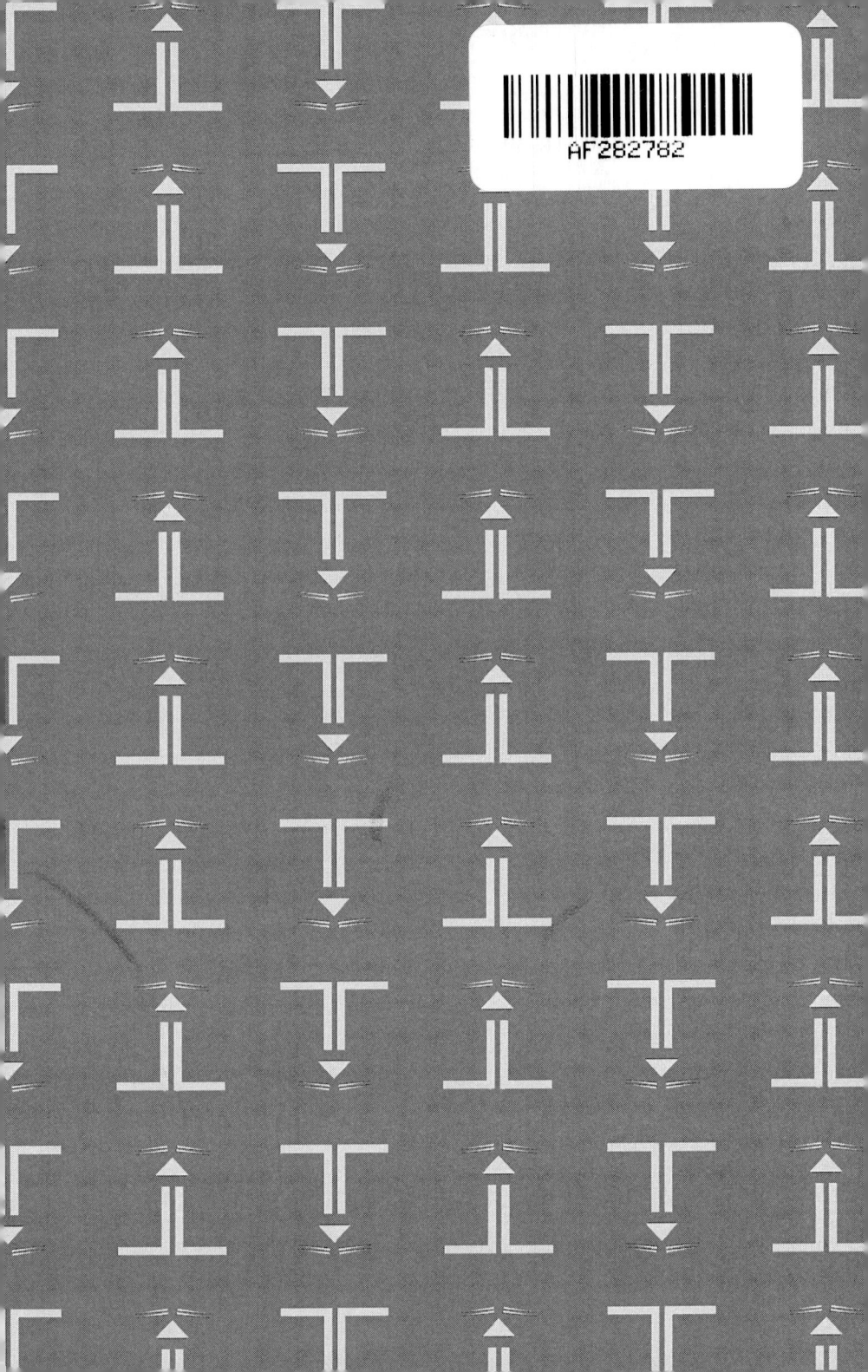

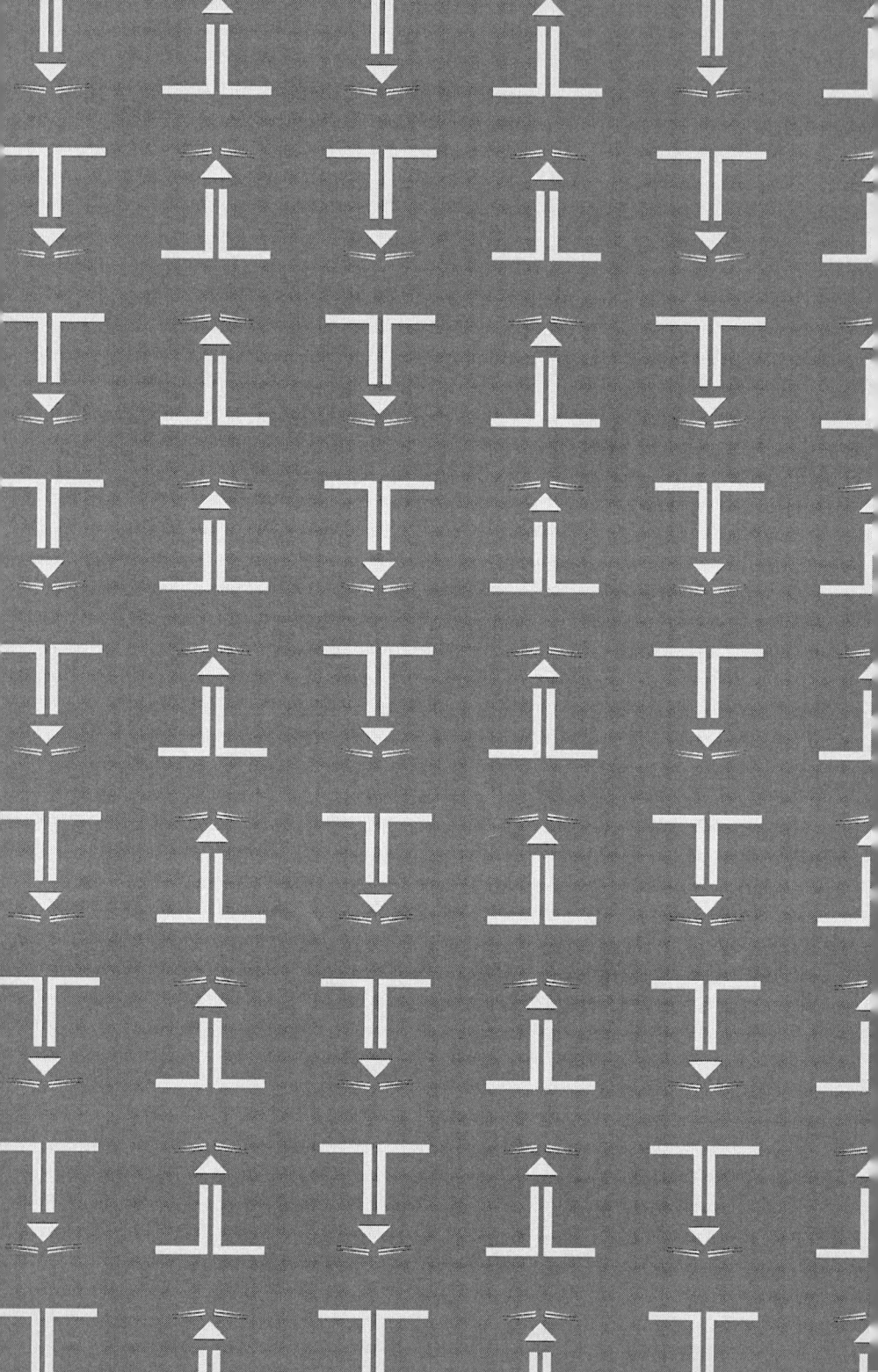

BAILA, BAILA

DIANA G. BUJARRABAL

TIGRES DE PAPEL

Primera edición, marzo de 2025

© Diana G. Bujarrabal

© De la presente edición, Ediciones Tigres de Papel
C/Camino de Orusco, 19, chalé 7
28560 – Madrid
www.tigresdepapel.es
info@tigresdepapel.es

ISBN: 978-84-128619-6-9
Depósito legal: M-3203-2025
Impreso por: Industrias Gráficas Afanias

BAILA, BAILA

Baila, baila, que la figura es fácil,
la melodía es pegadiza y no se detendrá;
baila hasta que se desprendan del techo las estrellas;
baila, baila, baila hasta que no puedas más.

W.H. Auden

Una punta de cielo
rozará
la futura
casa humana.

Alfonsina Storni

Oficio

Cuéntame la verdad,
me decías.
Como si yo fuera inocente.
Cada vez que escojo una palabra
traiciono a algo
o a alguien.
A veces las palabras
me traicionan a mí.

Cuéntame la verdad,
inténtalo.

yo no tengo de nada yo ya les digo que no tengo de
nada no familia no ayuda no paga no ni dios y si
quiero comer me alimento de nada y si quiero dormir
duermo sobre la nada yo ya les digo una vez Marte
una vez sí de los primeros fui a Marte grande solitario
hermoso y rojo ahora nada solo palabra esta que yo ya
les digo palabra llena

ahora

Al niño Samuel, ahogado en la playa de Barbate

Yo no puedo explicarte los granos de la arena,
que son tantos como lo es el dolor.
Se alumbran en el tiempo
y tienen el gusto viejo del agua del mar.
A veces se te cuelan en la boca.
Escupes.
¿Mamá, qué es eso?
Y yo no puedo explicarte
los muertos en las orillas,
las fronteras,
la noche,
tantas llagas,
a mí también me araña esa arena en la garganta,
duele debajo de las uñas.
¿Qué es la esperanza?, preguntas.
La fuerza. El poder más secreto de los héroes.
Y se tiende la playa.
Y aún no ha salido el sol.
Me miras
y parece que tuvieras mil años.

Y también yo querría preguntarte,
yo a ti,
¿qué es la esperanza, hijo?,
dímelo.

Maldición

Ganarás el pan
la maldición de los abriles
el ansia de la lluvia
que no llega.

Ganarás el esfuerzo redoblado
y el dolor de los huesos
sin abrigo
que se quiebran
y saltan
y sudan
también sudan los huesos cuando se es un maldito
te lo advierto
y perderás
la redondez del fruto
el azul del verano
todo lo que dijeron esas voces antiguas
que aún a veces resuenan
como premoniciones
las que se equivocaron

te dirás
ni paraíso
ni futuro que valga en esta tierra
prometida.

Correr

Correr
como quien de repente toca la partitura de los verdes.
Correr al viento
deslavazados brazos que buscan el contorno del vacío.

Así te vas desmembrando.

A un lado tu cerebro
que va dejando un rastro de ideas desoladas
las migas del camino que comerán los pájaros.

Al otro lado tú
tu cuerpo todo que persigue la música
más rápido
más rápido
tañido de la tierra
golpe seco
estribillo
¿persigues o cabalgas?

Cuanto más aceleras más aprecias
la lentitud del mundo.

Resonancias

Decía el poeta que *la vida iba en serio*
y es posible.
Pero aquí estamos con nuestra pretendida gravedad
en el fondo tan vanos
tan fútiles
niños
niñas heridas
jugando a reinventar todas las reglas.

Es a veces asombro
un delirio gozoso y delicado
un dibujo
una flor.
Otras puede ser asco
el gesto monstruoso que precede al desprecio
la tesela que falta.
Puede ser una gesta
o el horror.
Iba en serio la vida
sus bromas

sus espantos
su arrebatado ardor.

Llega un soplo de aire y nos disuelve.

Colores

¿y el pecho cadmio del petirrojo?

OLVIDO GARCÍA VALDÉS

¿Y el verde que espejea
bulle salta múltiplo de sí
siempre distinto
pero verde
y hierve donde la vista alcanza
brota verde
sabe a verde
vientre henchido que respira
de su propio calor
amor
dolor
que está siempre creciendo
todo verde
rama a rama
boca a boca
presto a rebrotar?

en este mundo límites no mundo estrella planeta roca
no saber yo no saber si Marte o mundo otro no dios
guerra diosa posible diosa pero no redondo ni
cuadrado nada recto todo cambio sí eso todo cambio
pozo agujero suerte puede suerte no saber por eso yo
esperanza

escucha

Bonoparque

Hoy es primavera
y el sol brilla en los tornos de acceso a Venecia.
Tiene usted suerte.
El sol brilla y eso es gratis,
le embellece las fotos sin recargo,
y, por el mismo precio,
ameniza la espera en la cola,
la larga cola de los tornos de acceso a Venecia,
París,
Praga,
la Capilla Sixtina,
el culmen,
lo nunca visto,
la tierra prometida con entradas,
vende Polichinela y hay descuento,
viva su epifanía:
disfrute de su experiencia única.

Patrimonio

Tengo, tengo, tengo,
tú no tienes nada (...)
CANCIÓN POPULAR

Lo que no tienes   no es
aunque se yerga
y pueda revolverse a manos llenas.

Tienes   no tienes
hambre
flor
vergüenza.

Tienes   no tienes
ser.

Tú no eres nada.

Tan solo el negativo de la espera,
terreno edificable.
Eres tu propio castillo
de promesas
volando por los aires.

La eficacia

Vivimos en el absurdo empeño
de hacer las cosas bien
cuando hay cosas que merecería la pena resolver mal
rematadamente mal
o bien no hacerlas nunca.
Como las cartas de despido
las ofertas estafa
la redacción de multas
la construcción de CIEs
qué vergüenza
el cacareo hueco del eslogan que acompaña al discurso
o al poema
ese también nos miente...
Qué respiro en la luz de la torpeza
cómo brilla el error cuando rescata
y atasca el engranaje
y nos detiene.

Reivindiquemos la virtud
del autosabotaje.

Las leyes

¿Y qué aliento respiran
esas disposiciones
esas hojas de ruta
y agendas
y objetivos
y normas
y tratados?
¿Qué ungüento
tras las leyes
el orden
el BOE
los dictámenes?
¿Qué alivio se sostiene
en el acuerdo?
¿Qué refugio
en las lenguas del poder?

La historia

La historia es una caja de galletas azul,
descolorida.
Una caja de lata que mi abuela ponía encima de la mesa
y abría haciendo ruido,
y yo curioseaba con un vértigo antiguo,
blanco y negro,
rodillas desolladas,
renacuajos,
curas y militares que aún nos siguen mirando,
aquí,
en esta misma tarde,
en la mesa camilla,
curas y militares entre mi abuela y yo,
después ya de la muerte
y el tejido de punto,
y los dedos delgados y fríos y de huesos que añoro,
y la sangre,
mucha sangre que es ahora de los otros,
los odiados,
distintos,

las pobres,
los migrantes...
no te metas en política.

La historia es una caja de galletas azul
que sigue dando miedo
y hace ruido,
y en la que hay que escarbar y que meterse.

piel de pez aquí lado del cuerpo pluma pájaro en mi
frente boca profunda volcán yo escupir fuego volar
nadar por el espacio como piscina grande negra no
finita yo solo mucho frío escribir no olvidar escribir
por si acaso otro

mira

Otro destino

Había explorado el mundo entero.
Conocía el camino de las hormigas solas,
las valientes,
y el miedo de la luz en las mareas
cuando el mar se enaltece,
los interrogatorios,
los papeles mojados.
Pero ellos solo querían sus brazos,
su fuerza concentrada para atar las gavillas,
la tensa curvatura de su espalda
cuando el sol resplandece.
Él ya no era ni siquiera él,
sino uno entre los otros,
los otros y las otras
que son también sus brazos,
su fuerza,
sus espaldas
y, el día de mañana,
apenas un petate
y, si hay suerte,
otro destino.

Ya sabes

Ya sabes, un rumano.
Marca, país,
ya sabes,
para que todo encaje,
rumano,
y un despliegue de máscaras posible,
todo hecho,
todo dicho,
tú ya sabes qué puedes esperar,
¿a qué esperar?
No tiene nombre ni apellidos.
Tal vez no tiene historia,
ni dolor.
No se pregunta.
¿Quién quiere conocer a una etiqueta?
Se lavará la cara, quizás,
por las mañanas,
y guiñará los ojos
por el salario mínimo.
Ya sabes.

No se sabe si está dado de alta,
las manos cuarteadas,
el trabajo en cadena,
si hay trabajo.
Y un día, y otro día
todos buscando el sol.

El odio

El insulto, la víscera,
la sorna retorcida entre las tripas,
la sangre que así corre
y se corroe,
el frotarse las manos,
el agitarse el miedo señalando
al otro,
siempre al otro,
la paja en el ojo ajeno,
la espuma en la boca propia,
y un sabor de metal
que se derrama
y hiede
y hiere.
El ácido escupido que ya es lluvia,
que se ha lanzado al viento
y que se escurre
también
en el cristal más claro.
Esas palabras-piedras,

ese ardor de garganta,

ese asco,

ese acoso,

ese imperioso, inhumano, estúpido, cruel empeño
de hacer a otros el mal.

El odio.

La edad de los prodigios

¿Y en qué parte de mi cuerpo está mi alma?
Tal vez viaja a lo largo de tu espalda,
y se extiende en tus brazos,
como hacen las preguntas,
o parte de un deseo contenido en tu vientre,
casi como una náusea
que no cesa.
A veces se te sube a la cabeza,
reverbera:
es entonces cuando mueves los ojos
como si fueran gritos,
¿Dónde? ¿Dónde está?
Y buscas dentro de ti
y ya se ha ido,
como se va la luz de los veranos
o la edad de los prodigios.
Difícil encontrarla
si no buscas afuera:
tu alma no eres tú

son los otros
y el mundo que te habita,
su hastío y su belleza,
y todas, todas las dudas
que también te moldean
y te encarnan.

Roca

En la roca del agua hay un tiempo
que arde.
Está dentro,
por debajo.
Arde en medio del mar
y por los ojos míos,
arde en el eco seco
de esta época sombría,
arde,
y sigue ardiendo
y se consume
si se le posa un ave
si le pesa la espuma
si sucio le resbala un haz de luz,
ese presagio,
la lentitud salobre de los días que pasan
y repasan,
uno a uno se arañan los costados
en esa cresta inmóvil
que, sin embargo, arde

por dentro,
como los ojos míos,
como este tiempo mío.

Y todo permanece.
Y todo cambia.

tal vez otros peces tal vez también volar en cielo raro
cielo de cuando Marte o planeta mundo otro no saber
ser pez-hombre pez-mujer no importar eso ser cosa de
antes en Marte no importar solo querer compañía pez
amigo o amiga para nadar viajar y ver reflejos resbalar
luz de estrellas tú dar cerveza ahora amigo

habla

Memoria

Las mujeres que hacían rosquillas
y sabían canciones para arrullar
a la lumbre,
me hubiera gustado estudiar,
las de los dedos largos que aprendieron
a tocar 'Para Elisa' en el piano,
pero
las que prensaban flores,
las que perdieron hijos con la cabeza hinchada
por las miserias de posguerra,
papá no quiso,
las mujeres que amaron con la hiel de la culpa
detrás de los postigos,
era otra época,
se recogían el pelo,
hacían ungüentos de hierbas y de leche,
las hermosas, las sabias,

todas las mujeres fuertes,
todas las mujeres.

Filtros

No hay filtro en blanco y negro
ni vestido de sepia
ni llovizna de brillo
que nos salve:
somos un episodio en otros ojos
pasamos con la prisa de un temblor.

Si alguien se detuviera
si mirara
si penetrase el miedo del instante
que en la pantalla vibra
si entonces si bien fuera fugaz
y ya sin luces
ni trucos de color
entonces
qué desnudez tan cierta
qué franca soledad.

La llamada

Buenos días, señora,
perdone que la moleste,
¿me dice su compañía?
¿su teléfono?,
¿sus datos?
Las molestias,
perdone,
¿quién la llama, señora,
a todas horas,
tal vez una vez al día?
¿Tiene números frecuentes?
¿Sabe cómo es su contrato,
cuál, cómo, cuándo le convendría?
¿Quiere el hilo de Ariadna?
¿Una red invisible
para atrapar nostalgias,
puentes para los suyos,
ecos ultramarinos,
orden en el listín?

Todo esto le ofrecemos,
señora,
la mismísima clave de nuestro espacio-tiempo,
piénselo.

La voz,
su voz,
tarifa ilimitada,
el don definitivo con que acortar distancias
para siempre,
también un para siempre,
sabemos que lo quiere...

¿Me podría, tal vez, decir su nombre?

Laberinto 2.0

Abre   salta
clica   busca
resuelve la madeja
enhebra su sentido con otro parpadeo
                        otra idea
otra historia que exalte mil relatos
                        todos luminiscentes
los hilos sucesivos
                de esas cien diosas sabias
que siempre fuiste tú
eres tú
quien   salta
        clica   busca
halla derrotas nuevas
y pozos que cegar porque no entiende
no
no entiendes
que todo importa
                y hay que verlo

hay que leerlo
clica   salta

                      ¡vuela!

eres el torbellino
el agujero negro
el sucio corazón que late en los desagües
la boca sorbedora

                    los ojos
                  todos los ojos

que temen el remanso.

Avatar

Si es avatar mi ángel
yo me reclamo cuerpo
carne viva
latido desbocado
que escapa al algoritmo.

¡Pobre ángel que se enreda
con vuelos y programas
y nunca escapará del pensamiento!

Mi cuerpo y yo saltamos las barandas
buscamos las rendijas
y siempre nos reímos
de todos esos cálculos.

yo no tengo de nada pero recuerdo todo todo de
aquella vez luces olor reflejo piel de pez ya les digo tal
vez si tener lápiz poder dibujar hacer mapa tal vez si tú
prestar luego venir conmigo decir que peces
mejor si juntos como nube todos ánimo voluntad
mejor si muchos si miles ser fuerza pequeños pero si
miles ser si juntos llegar más lejos más agallas tener
agallas palabra bonita mar y espacio ser mismo pero
juntos mejor

juntos

El desastre

Habría que acordarse de Pompeya,
saber que cualquier día
de forma inesperada
sobrevendrá el desastre,
que estamos caminando con el futuro en ascuas,
viviendo en ascuas.
También allí, los odios,
los villanos,
las controversias públicas,
los rincones perdidos donde encontrar la paz,
los ansiados remansos.
También allí, los patios,
los bares,
los baños y burdeles,
y ese milagro extraño que llaman amistad.
Qué cerca y qué lejana,
esa ciudad alegre
de hombres, niños, mujeres
que, ya petrificados,
viven eternamente
y nos miran con sorna.

El dolor del otro

En esta oscuridad
del no futuro
lo peor es el dolor del otro,
el ajeno en cuya carne yo no puedo vivir,
sufrir.
Tanteo con mis manos la forma de la herida,
oigo en todas las horas su latido en los cuartos
cerrados de la casa.
Se cuela por debajo de las puertas
y en los pliegues del sueño
que ya no nos repara.
Qué angustia este dolor
mío y no mío,
este dolor del otro que no puedo alcanzar
ni contener.
Y no tiene sentido,
me digo,
es solo y en sí mismo inmensidad.

No enseña nada.
No sirve para nada.
No hay consuelo.
Es, como son a menudo las cosas,
porque sí.

El enjambre

no ha llegado a la retina el enjambre que anima el amor
GUADALUPE GRANDE

El enjambre, el bosque, la multitud,
la marcha,
la asamblea, el grupo, la clase,
las vecinas,
el ramo o ramillete,
el juntas cordilleras,
adelante,
el juntas,
sangre juntas,
hambre juntas,
la reunión, el conjunto, el colectivo,
el sindicato,
el vínculo, los brazos, la escalera,
los peldaños,
el futuro y las flores juntas,
y la manada,

y la tribu,

y la comunidad,

y el pueblo,

y la gente,

y todos los hilos sueltos

que se suman en trenzas que revueltas estallan,

y toda la fuerza viva que es más

que uno más uno,

y el tumulto,

y las madres,

las voces,

los coros,

las orquestas,

la música y la fiesta juntas,

y ya no son los días uno a uno,

y ya no es esta herida sola adentro.

Somos todas las manos que se agarran,

somos el oleaje,

la bandada que arrumba el mismísimo miedo.

En esta tarde lenta se percibe el zumbido.

Juntas

seguimos bailando.

Deriva

Los bolardos   las flores.
Las marquesinas   cuevas.
El cableado   el ramaje.
Los arcenes   las veredas.
En los bordillos   repechos.
En las bocinas   rugidos.
Las explanadas   valles.
La suciedad   tormenta.

     Y el aire, aire nuevo,
     ya de vuelta.

Ya de vuelta.

Los trinos   las voces.
El fuego   los semáforos.
Las aguas   muchedumbres que se arrastran de sed
y desembocan
qué relente en la luz de las vitrinas
cuánto frío en la noche que se tiende
sobre el paisaje   extraño

y respiras
y sigues
por todos los caminos
que se abran a perderte.

Sombra

Se mueve,
se mueve ese suspiro
por la espalda,
los hombros,
el largo de las piernas,
sobre la misma piel donde se espigan
los letargos,
se agita,
te sacude,
dice *sigue bailando*,
dice *qué queda*,
dice *dime, ¿qué queda?*
¿Qué sombra te prosigue?
¿Qué fue de lo que fuiste?

miedo no en nada no ni miedo tampoco en nada
no ni miedo porque todo ser posible como si cabeza
y corazón como si dentro fuera y mundo nuevo como
si tú y yo Júpiter como si Júpiter Saturno o mejor
planeta nuevo nombre mujer mujer diosa planeta Hera
no Hera no planeta rojo Antígona Lilith amapola
planeta rojo más que sangre nacimiento y ser dolor
comprende amigo

gracias

Sol de invierno

Como el crujido del calor
que penetra en la hierba,
como la orquesta de la escarcha que se funde,
sol de invierno,
su brillo paulatino en la piel de la tierra,
así suena,
así se estira y despereza,
como el primer resuello,
el lento despertar de la conciencia.

¿Qué son lindes?

Me preguntas el nombre de las flores,
cada cuánto se riegan,
también con qué cuidado,
cómo saber qué plantas tienen sed.
Cuánto dura la arena,
cómo se piensa el mar,
si en esta misma tierra pisaron tus ancestros
y cómo se llamaban,
Eugenio, María Luisa...
Me preguntas dónde está tu memoria,
la sal de las palabras,
si se quiebran.
La forma más antigua de decir
aquí estamos,
esto somos,
he aquí nuestros anhelos,
lo que queremos ser.
Los nombres de las piedras y las flores,
los tallos que se enredan y se mecen
y a veces se estrangulan

de un campo a otro campo,

de un tiempo a otro tiempo,

no más lindes.

¿Qué son lindes? Me preguntas.

Siempre me preguntas las cosas importantes.

Al tacto

*Vivir
es una huella*

ADA SALAS

Mi mano
en la corteza de los árboles.
Puedo viajar en el tiempo,
acariciar en los surcos
el perfil rugoso de los años
pasados.
Me puedo estremecer.
La vida.
Sus huellas.
Su lentitud serena.
Su severidad.
Todo lo aprendo al tacto
y me posee.
Me queda respirar
y crecer
como los árboles.

Templanza

Como una cometa al vuelo
cuyos hilos finísimos
sostuviera en la mano,
como una cometa
que a veces tirase de mí violentamente
y me hiciera correr
y otras me concediese aliento
al planear con calma
e inflamarse,
mero gozo de estar,
garabato que juega a las alturas,
complicidad del aire.
Templanza es mantenerse
pese a todo ahí arriba,
saber leer en el viento
y celebrarlo.

Existe esa ciudad

Existe una ciudad que se alinea con el eje del mundo
y gira lentamente
o se acelera
según le sople el viento,
o parpadee la luz de sus estrellas.
La ciudad sin murallas,
donde el tiempo se tiende
y se desborda
y todo acaba bien
y cualquier cosa,
sea cual sea,
acabará siempre bien y en movimiento.
La ciudad consumida que a sí misma se engendra,
la no planificada, siempre viva,
con hombres y mujeres que están aquí y allí.

La ciudad que no duerme porque nunca se acaba,
la que se reconstruye mirando hacia la luz
y es capaz de crecer,
seguir creciendo,
sobre miles de años y de escombros
y suciedad y guerras.
No tiene dirección
ni barrios de oficinas
que estrangulen la suerte de las horas,
largas calles remontan sus infinitos planos,
y todo acaba bien
y cualquier cosa,
sea cual sea,
acabará siempre bien y en movimiento.
Tiene solo edificios altos como promesas
y parques que son bosques
y ríos que son gentes que llegan de Madrid,
Londres,
Damasco,
Nueva York,
Buenos Aires,

Kabul.
La ciudad derramada, siempre abierta,
hostil y acogedora
como un atrevimiento que vuela hacia el futuro,
y todo acaba bien,
la ciudad que en las noches
puede verse,
y cualquier cosa,
sea cual sea,
si se cierran los ojos
desde cualquier lugar.

Yo lo he visto
acabará siempre bien y en movimiento

Existe esa ciudad.

yo no tener nada no saber yo solo querer contar todo
sobre galaxia viajes personas sobre otros sobre todo
contar verdad

mi verdad

ÍNDICE

La presente edición de *Baila, baila,*
de Diana G. Bujarrabal, se terminó de imprimir
el día 24 de febrero, aniversario del nacimiento
de la poeta española Rosalía de Castro.
Esta edición consta de trescientos (150) ejemplares
numerados, de los que el presente hace el número

084

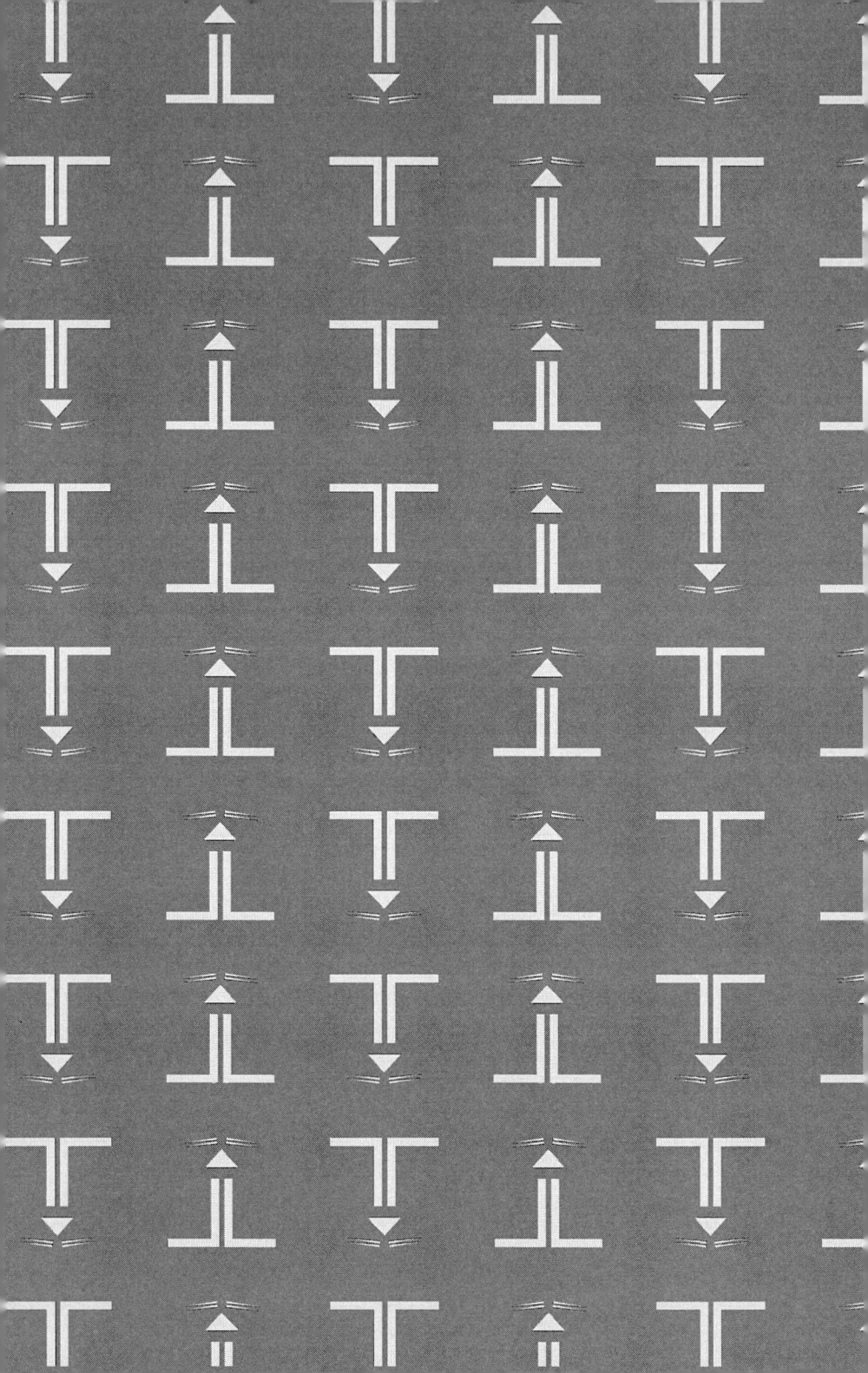